BASIC DRUM

베이직 드럼

전재욱 지음

BASIC DRUM

베이직 드럼

책 머리에

정말 쓸만한 드럼 교재를 만들고 싶었습니다.

많은 드럼 선생님들이 계시지만 아직도 주먹구구식으로 가르치는 분들도 있고 교재도 없이
리듬 몇 개 그려주면서 따라 해보라는 분도 있습니다.

드럼 실력이 출중하신 선생님들도 악보를 그려주거나, 교재가 있다 해도 외국 교재들을 제본해서
쓰고 있는 것이 현실입니다.
물론 좋은 외국 교재들이 많지만 그 교재 대부분은 너무 어렵거나 전문적이어서 초보자들이
보기는 쉽지 않습니다.

그래서 몇 년 전부터 드럼 교재를 직접 만들어 레슨을 하다가 그 중 기초 교재 두 권을 출판까지
하게 되었습니다.

'체계적인 구성', '좋은 연습 악보의 제공'에 가장 크게 주안점을 두었습니다.
스트로크에서 배운 리듬을 필인으로 바로 응용하고 Solo를 통해 세트 리듬과 필인을 종합적으로
연습할 수 있도록 구성했습니다.
한 장 한 장 넘기다 보면 드럼 연주 방법을 자연스레 이해할 수 있을 것입니다.

혹 교재를 보다가 의문점이 있으시다면 교재 카페(http://daum.net/drumstyle) Q&A 게시판에
질문해 주시면 친절히 답변해 드리겠습니다.

혼자 독학하는 분들에게, 그리고 체계적인 레슨 교재를 찾는 선생님들에게 이 책을 권해 드립니
다. 드럼의 기초 교과서가 있다면 바로 이 책일 것입니다.

이 책으로 즐겁게 드럼을 칠 수 있길 바랍니다.

2009년 5월
Pumpkin

※P. S. 저에게 드럼의 기본기를 올바로 가르쳐 주신 강문철, 윤혁성 선생님께 감사드립니다.

차 례 베이직드럼 2

| Part 5 |

| Part 6 |

| Part 7 |

| Part 8 |

준비!(손풀기)

드럼 연습시에 가장 먼저 해야하는 연습!

♩=100부터

연습 1

R R R R R R R R   R R R R R R R R   R R R R R R R R   R R R R R R R R
L L L L L L L L   L L L L L L L L   L L L L L L L L   L L L L L L L L

연습 2

R R R R R R R R   R R R R R R R R   L L L L L L L L   L L L L L L L L

연습 3

R R R R R R R R   L L L L L L L L   R R R R R R R R   L L L L L L L L

연습 4

R R R L L L L L   R R R L L L L L   R R R L L L L L   R R R L L L L L

연습 1~4

• 스틱은 빠지지 않을 정도의 힘으로만 잡고 가볍게 튕겨서 친다.

• 뻑뻑한 소리가 아니라 통통 튀는 소리가 나도록 연습한다.

• 손이 바뀔 때 음표의 간격이 달라지지 않도록 주의!

- 4연음은 드럼에서 가장 기본이면서 가장 중요한 연습이다.
- 취미반은 140~160, 그 이상을 원하는 사람은 180~200정도까지 연습한다.

4연음(싱글 스트로크)

연습 5

양손의 밸런스를 향상시키기 위해 왼손 시작으로 4연음을 연습한다.

R L R L R L R L R L R L R L R L   R L R L R L R L R L R L R L R L
L R L R L R L R L R L R L R L R   L R L R L R L R L R L R L R L R

오른손(R)의 간격은 변하지 않는다. R사이에 L이 들어 온 것이므로
R은 계속 일정하게 유지하는 것이 포인트!

연습 6

R R R R R R R R R L R L R L R L R L R L R L R L R L
L L L L L L L L L R L R L R L R L R L R L R L R L R

연습 7

R L R L R   R L R L R   R L R L R   R L R L R

4분음표 길이만큼 정확하게!

연습 8

R L R L R L R L R L R L R L R   R L R L R L R L R L R L R L R

연습 9

R L R L R L R L R L R L R L R L   R L R L R L R L R L R L R L R

연습 7, 8, 9

- 4연음을 장시간 연속으로 연습하는 것도 좋지만, 위와 같이 끊어서 연습하는 것도 좋은 방법이다.
- 특히 메트로놈에 4연음을 제대로 맞추지 못하는 사람은 위 연습이 상당히 효과적이다.

베이스 드럼
Bass Drum

매일 매일 해야하는 연습! 세트 드럼에 앉으면 발부터 단련을 한다.

♩=100

연습 1

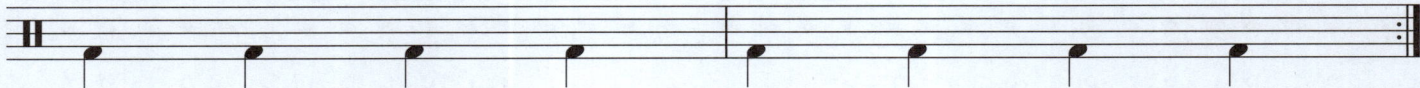

연습 2

연습 3

연습 4

Basic Drum II
PART 1

16분쉼표를 포함한 스트로크

16분음표 단위의 여러 가지 리듬

필인 만들기

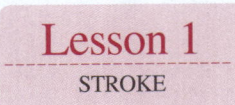

16분쉼표를 포함한 스트로크

왼손 터치는 일정해야 한다. 쉼표 부분의 오른손 헛치기에 주의해서 연습한다.

연습 1

L R L   L R L   L R L   L R L

연습 2

R L R L R L R L R L R L R L R L   L R L   L R L   L R L   L R L

연습 3

R L R L R L R L   L R L   L R L

연습 4

R L R L   L R L R L R L   L R L

Pumpkin's *Tip*

8분음표 엇박이 16분음표로 바뀐 것이다. 16분음표라도 헛치기는 똑같다.

○   L   R   L   L   R   L

헛치기

○   L   R   L   ○   L   R   L

16분쉼표 리듬 −2

앞에서와 마찬가지로 왼손은 일정해야 한다.

연습 1

R L L R L L R L L R L L

연습 2

R L R L R L R L R L R L R L R L R L R L R L R L L

연습 3

R L R L R L R L R L L R L L

연습 4

R L R L R L L R L R L R L L L

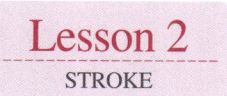

Pumpkin's *Tip*

드럼에서 아래의 *A*, *B* 두 악보는 같다. 편의상 *B*의 형태로 표기한 것이다. 드럼에서는 쉼표가 없더라도 빈 곳은 다 쉼표라고 보면
된다.

Lesson 3
STROKE
응용 연습

연습 1

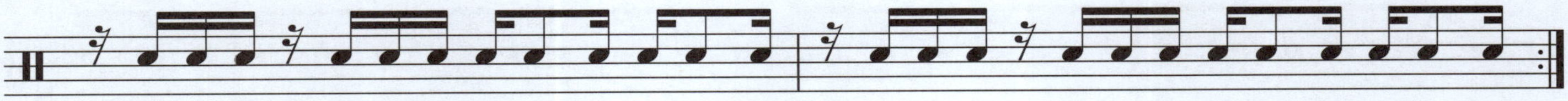

L R L   L R L R L L R L L

연습 2

R L L R L L   L R L   L R L

연습 3

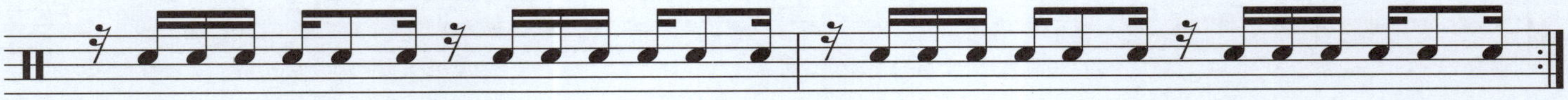

L R L R L L   L R L R L   L

연습 4

R L L   L R L R L L   L R L

연습 5

R L R   L R L R L R   L R L   R R L   L R L R R L   L R L

연습 6

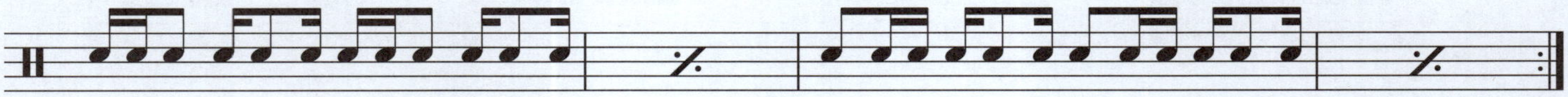

R L R R L L R L R R L L   R R L R L L R R L R L L

SOLO 1

SOLO 2

16분음표를 이용한 여러 가지 리듬

번호로 이해하자!

앞장의 리듬은 아래와 같이 이해하면 된다.

연습 1

헛치기를 해도 되고 안 해도 된다. 편한대로 연습한다.

아래 리듬에서 3번을 빼면 오른쪽 리듬이 된다.
따라서 3번을 헛치기한다.

Lesson 5
STROKE

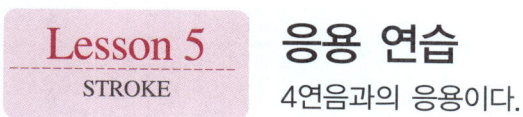

응용 연습

4연음과의 응용이다.

연습 1

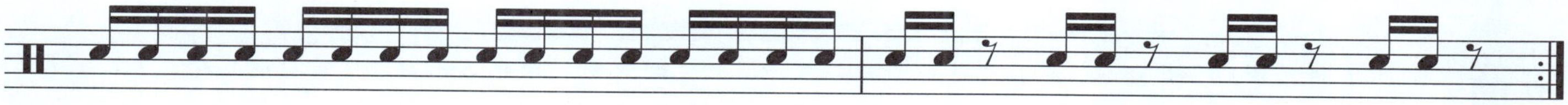

연습 2

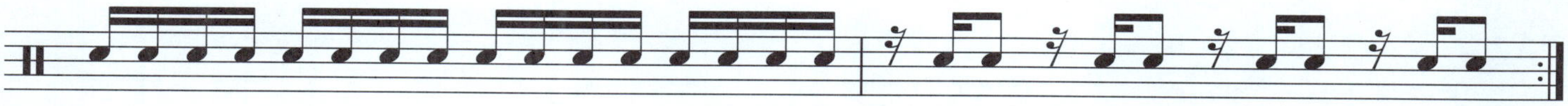

연습 3

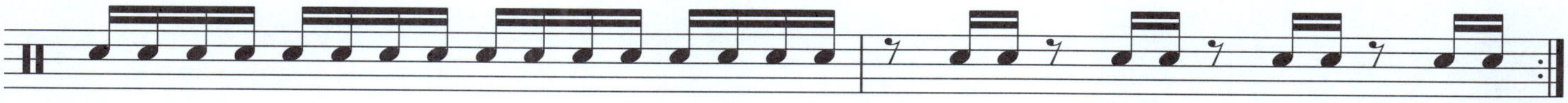

연습 4

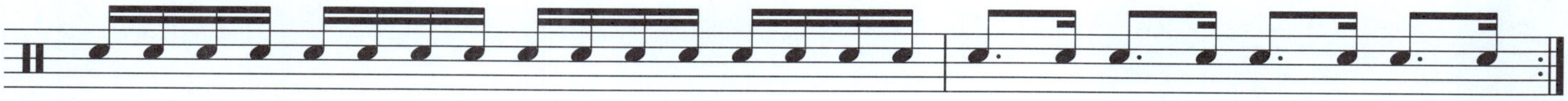

연습 5

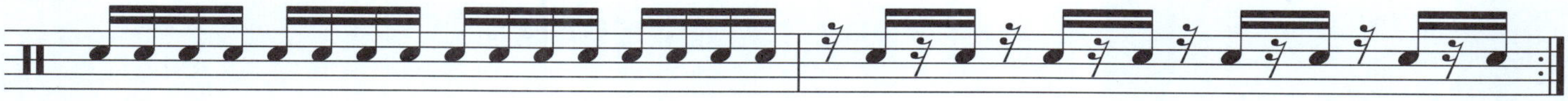

연습 6

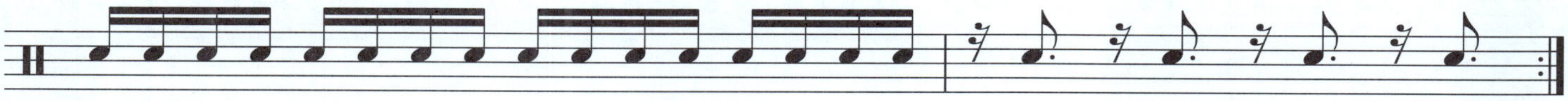

연습 7

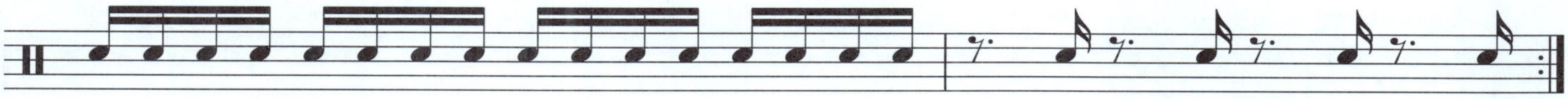

2/4박자 리듬 종합 연습

2/4박자는 4/4박자를 반으로 쪼개어 놓았다고 보면 된다.

연습 1

연습 2

연습 3

연습 4

연습 5

연습 6

응용 연습

연습 1

연습 2

연습 3

연습 4

연습 5

연습 6

Lesson 8
STROKE

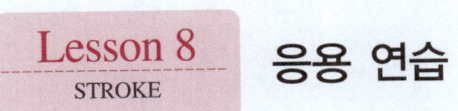

응용 연습

연습 1

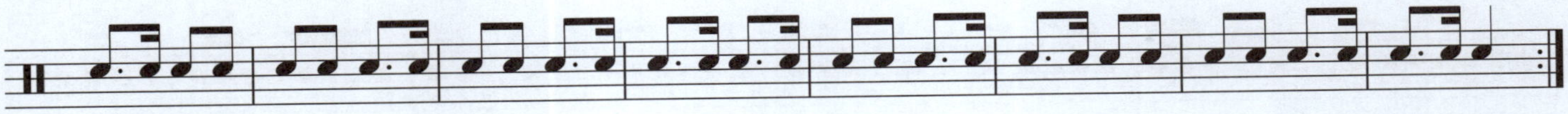

연습 2

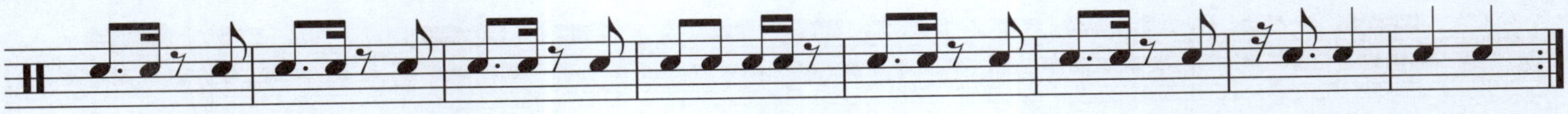

연습 3

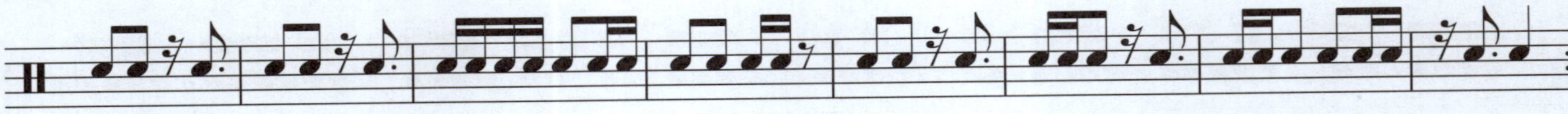

연습 4

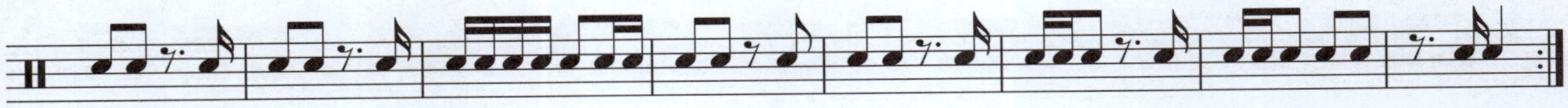

연습 5

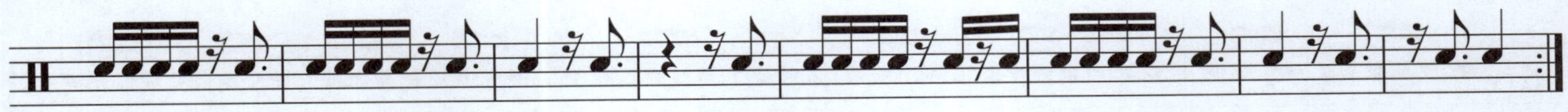

연습 6

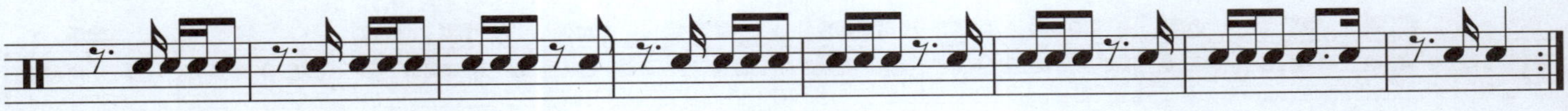

Lesson 9
STROKE

리듬 종합 연습
연습1의 괄호 안에 아래의 리듬들을 넣어서 연습한다.

• 이 페이지는 외워서 항상 연습하도록 한다.

연습1

연습2

필인 만들기

아래 1~15번까지는 지금까지 배운 모든 리듬을 나열한 것이다.
이 리듬들을 적절히 섞어서 필인을 만들어보자.

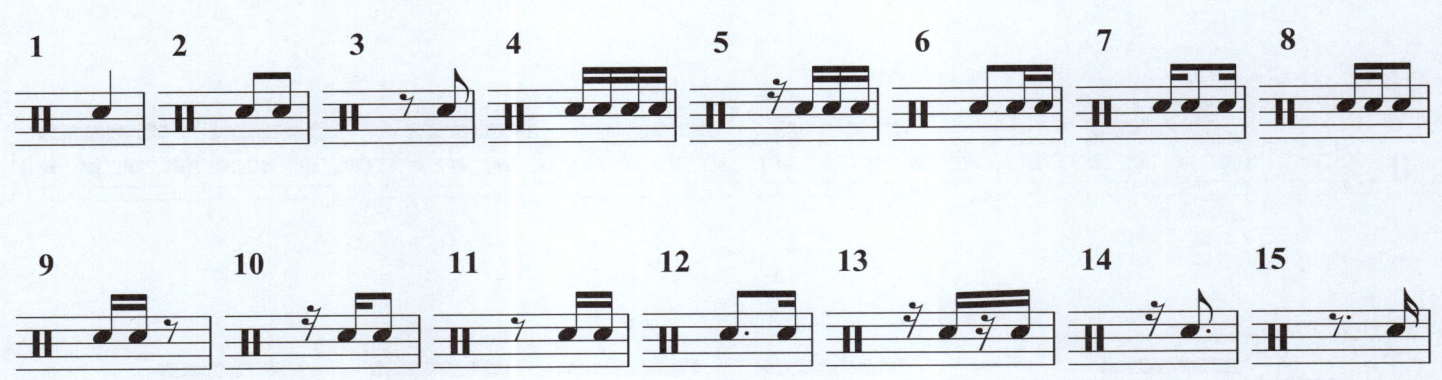

필인 만들기
Fill-In

빈 칸에 세트 리듬과 필인을 만들어보자!

SET RHYTHM   **Fill-In**

필인 만들기
빈 칸에 세트 리듬과 필인을 만들어보자!

Lesson 12
Fill-In

필인 만들기
빈 칸에 세트 리듬과 필인을 만들어보자!

SET RHYTHM   Fill-In

SOLO 3

SOLO 4

Basic Drum II
PART 2

Lesson 13
SET

쉐이크 리듬

스네어가 아래와 같이 들어가는 리듬을 쉐이크 리듬이라 한다.
일반적인 8비트 보다 리듬을 훨씬 흥겹게 만들어 준다.

연습 1

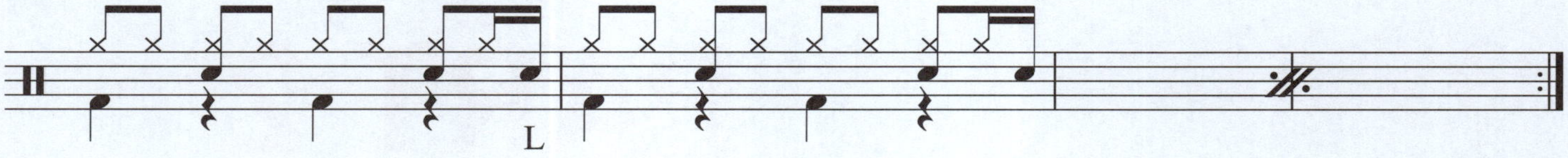
L

연습 2

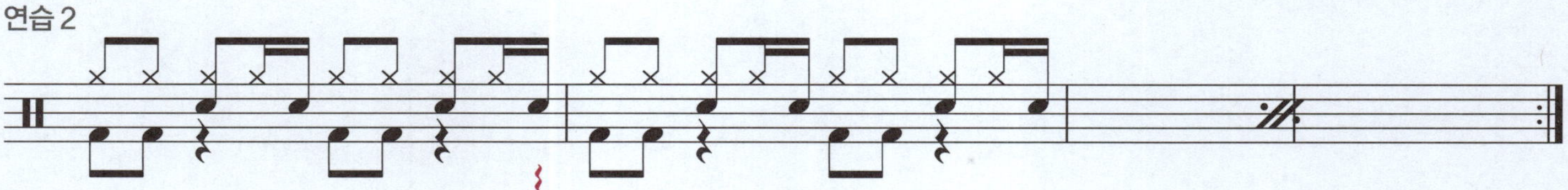

하이햇 사이에 나오는 부분은 3번 부분의
스네어 보다 작게 치면 리듬이 훨씬 살아난다.

연습 3

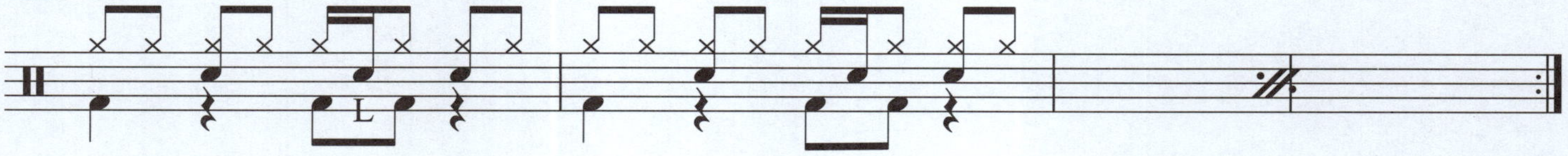
L

연습 4

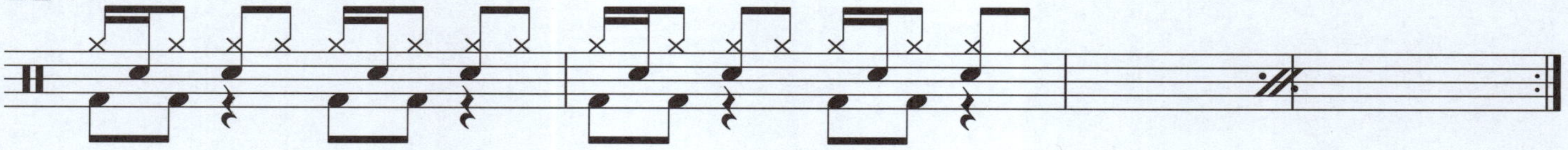

Pumpkin' s *Tip*

스트로크에서 공부한 것 같이 왼손 스네어가 들어가더라도 오른손 하이햇은 일정해야 한다.

R R R R R R R R L

R R R R R L R R R

베이스 드럼과 하이햇을 정확히 동시에 쳐야한다.

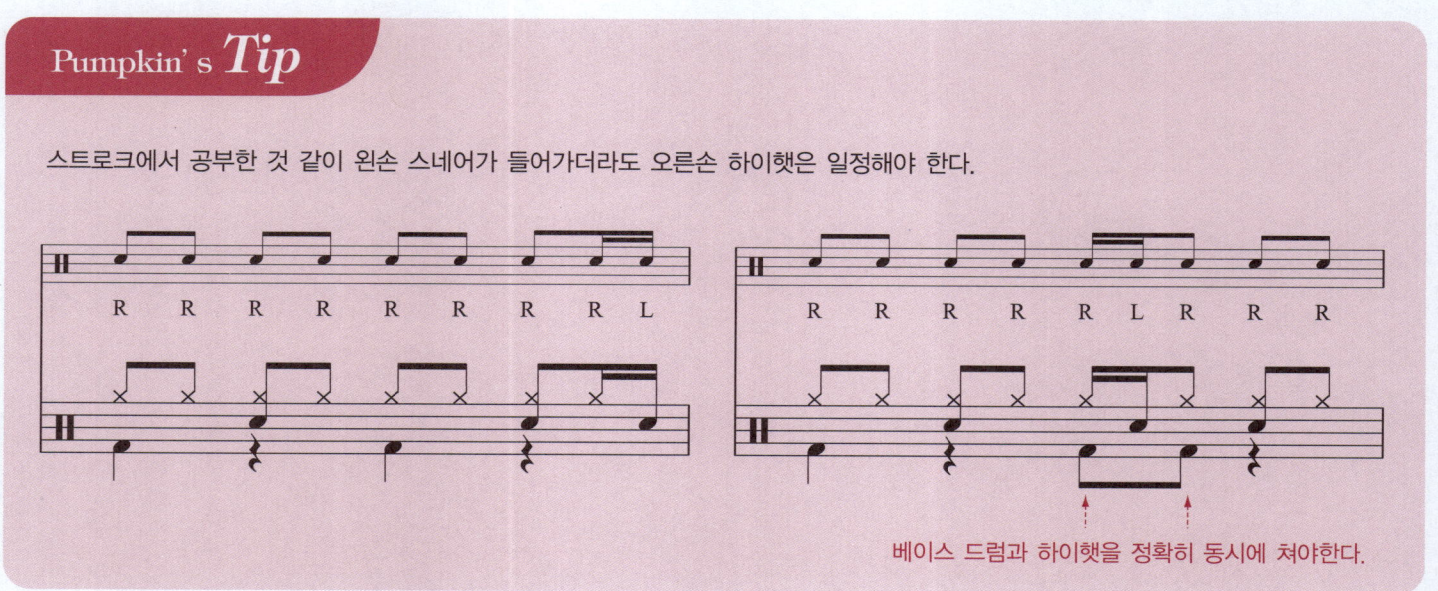

Lesson 14
SET

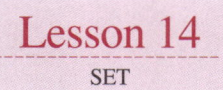

응용 리듬

속도를 약간 더 해주면 신나는 리듬이 된다.

연습 1

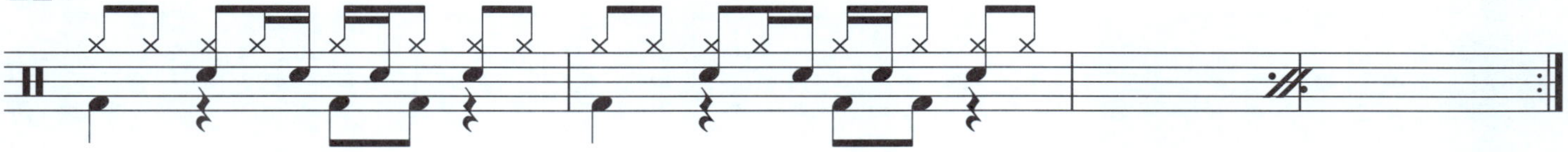

연습 2

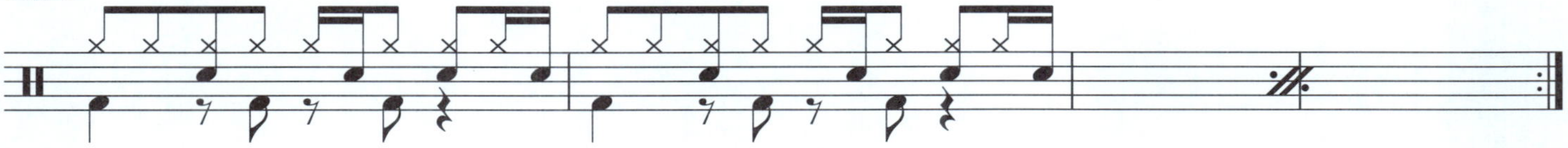

연습 3

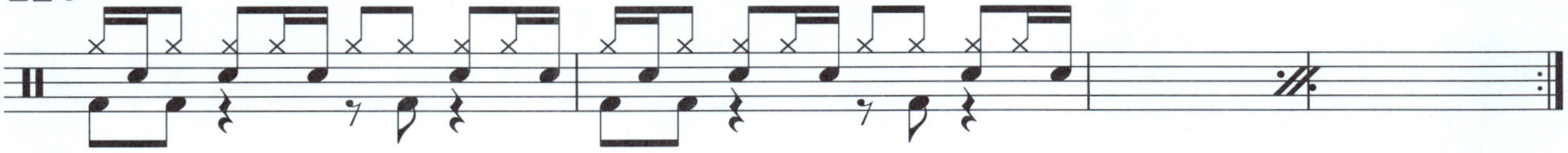

연습 4

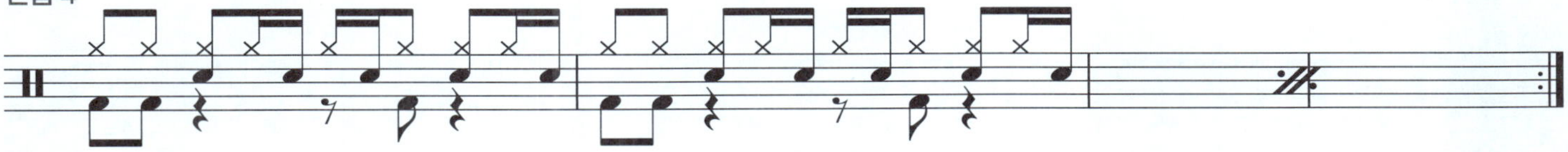

연습 5

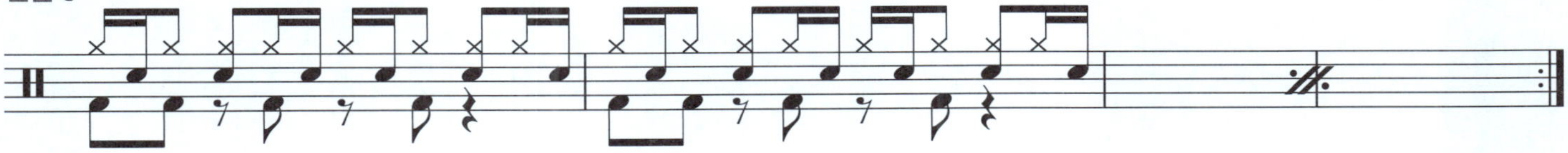

Pumpkin' s *Tip*

잘 안된다면 아래와 같은 형식으로 연습해 보자!

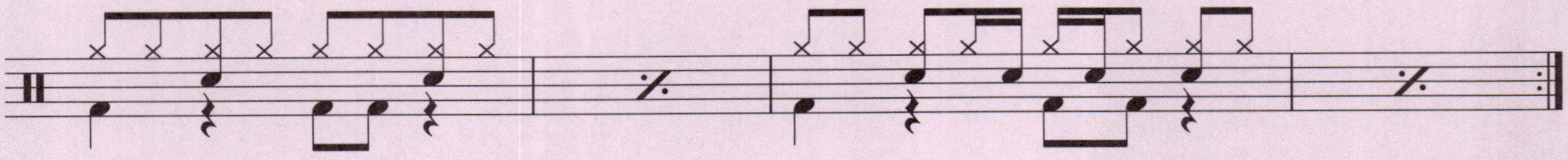

스네어가 추가 되더라도 원래 리듬의 베이스 드럼과 하이햇은 똑같아야 한다.

기본 리듬 위에 스네어가 꾸밈음 형식으로 들어간다고 생각하자!

Lesson 15
Fill-In
쉐이크 리듬을 응용한 필인
산나게 쳐보자!

연습1

연습2

연습3

연습4

연습5

Lesson 16
Fill-In

2박 필인

그냥 보고 치는 것은 의미가 없다. 필인을 완전히 외워야 자기 것이 된다!

Lesson 17
Fill-In

2마디 필인 연습

하이햇 하프(Half) 오픈

하이햇을 반쯤 열고 치는 주법이다.
곡의 후렴구라든지 록 음악 같이 볼륨이 큰 음악에 이런 식으로 연주한다.

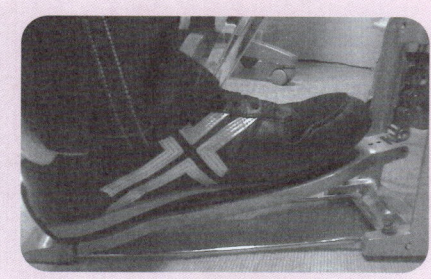

• 하이햇 하프 오픈은 왼발 뒤꿈치를 페달에 붙이고 앞꿈치를 살짝 든 채로 연주한다.

• 하이햇을 완전히 열어버리면 윗쪽 하이햇(Top Hi-Hat)만 소리가 나기 때문에 좋지 않다. 아래, 위 하이햇이 부딪히면서 '츠즈즈즈' 하는 소리가 나도록 한다.
• 하이햇을 얼마나 여는가는 곡의 볼륨이나 특성에 따라, 또 연주자의 취향에 따라 다르므로 자기만의 소리를 찾아본다.

하이햇 오픈 기호   • ○ 하이햇을 열고 친다.   • + 하이햇을 닫고 친다.
• → 다음 표시(○, +)가 있을 때까지 화살표 앞의 지시대로 연주한다.

연습 1

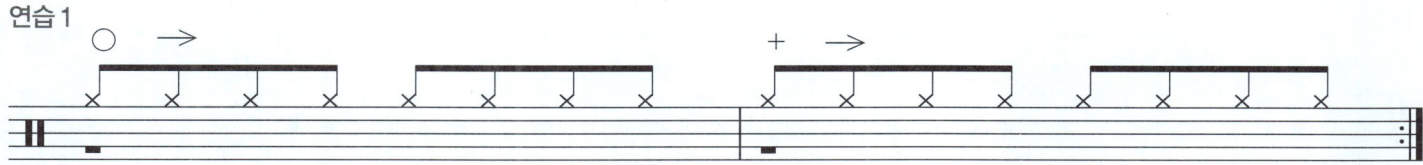

연습 2

SOLO 5

SOLO 6

♩=116

쉐이크 리듬의 응용 – 탐탐으로의 응용
손 위치만 탐탐으로 옮기면 재밌는 리듬이 만들어진다.

연습 1

연습 2

연습 3

연습 4

연습 5

연습4
- 연습3에서 오른손 라이드를 플로어 탐으로 이동시킨 것이다.
- 그리고 베이스 드럼을 한 박마다 밟아준다.

Lesson 20
SET

하이햇으로 응용
역시 손 위치를 하이햇으로 바꿔 본다.

연습 1

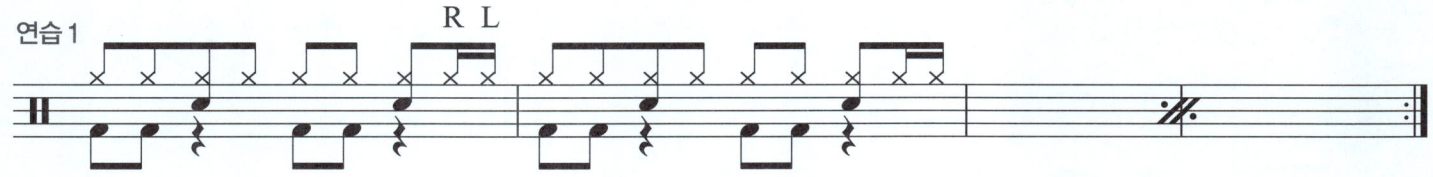

연습 2

연습 3

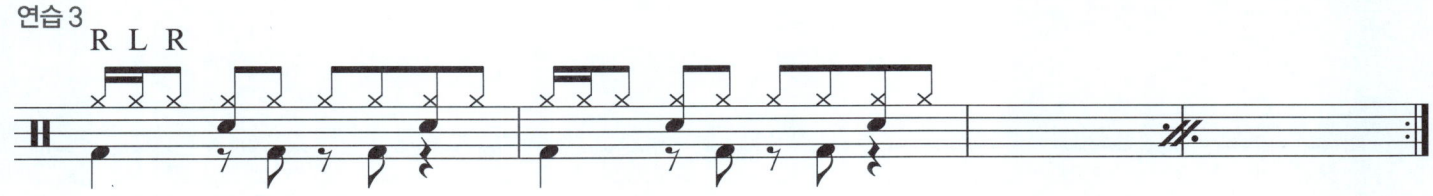

연습 4

연습 5

SOLO 7

Basic Drum II
PART 3

심벌 뮤트

림샷

리듬의 변화

Lesson 21 SET

심벌 뮤트

북에서는 음의 길이를 표현할 수 없지만 심벌은 울림이 있어 음의 길이를 표현할 수 있다.
심벌 뮤트는 이 울림을 짧게 잡아주기 위한 것으로 심벌을 친 후 왼손으로 잡아준다.

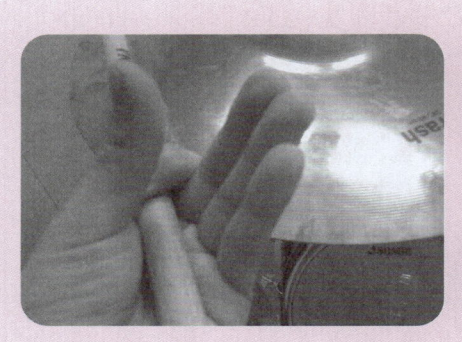

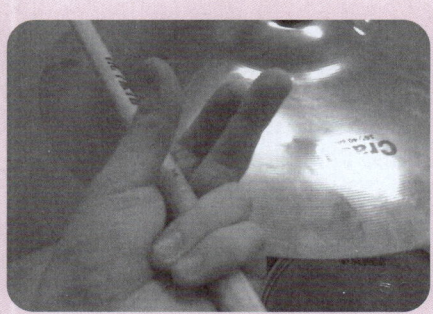

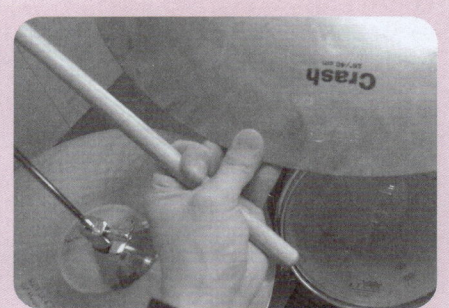

• 그림과 같이 두 가지 손모양으로 뮤트를 할 수 있다.

M=심벌 뮤트

1 n 2 n 3 n 4 n 오른손으로 치고 왼손으로 'n'에 정확히 잡아서 뮤트 시킨다.

연습 1

연습 2

연습 3

연습 4

연습 5

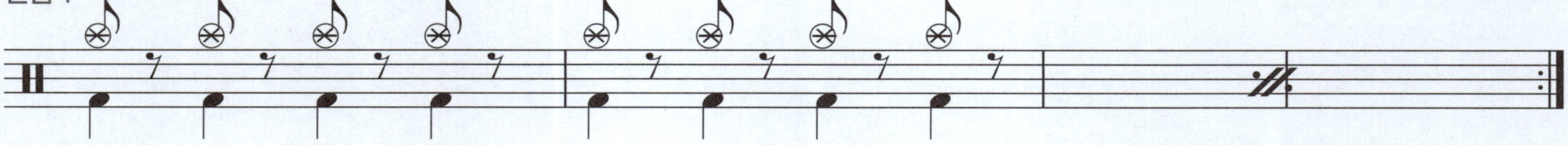

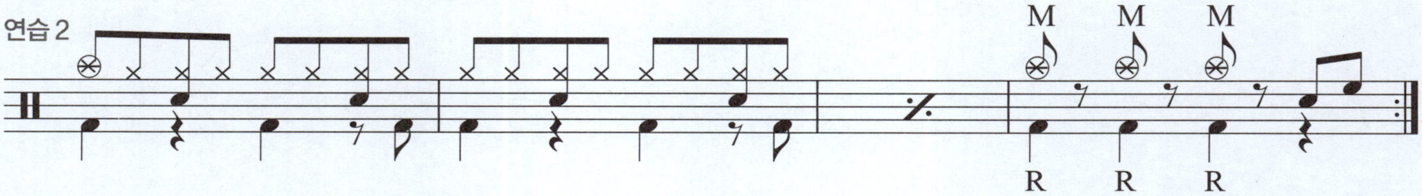

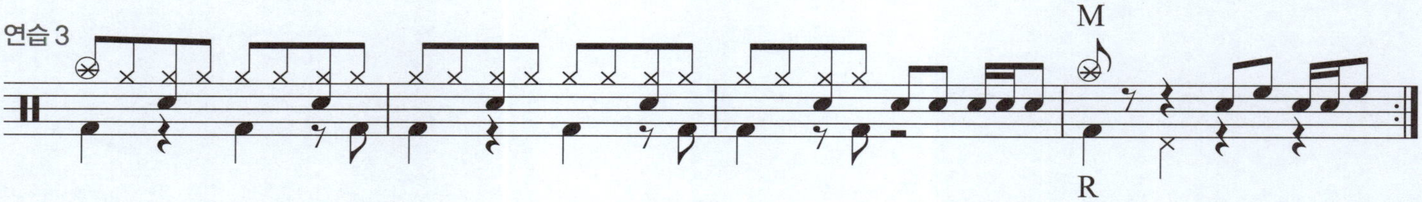

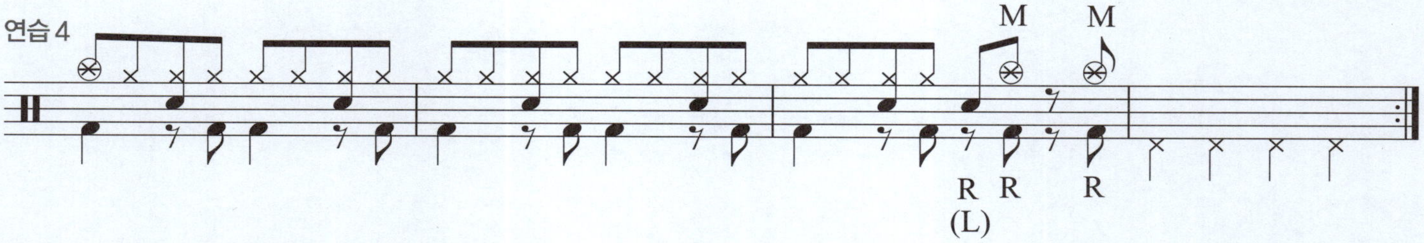

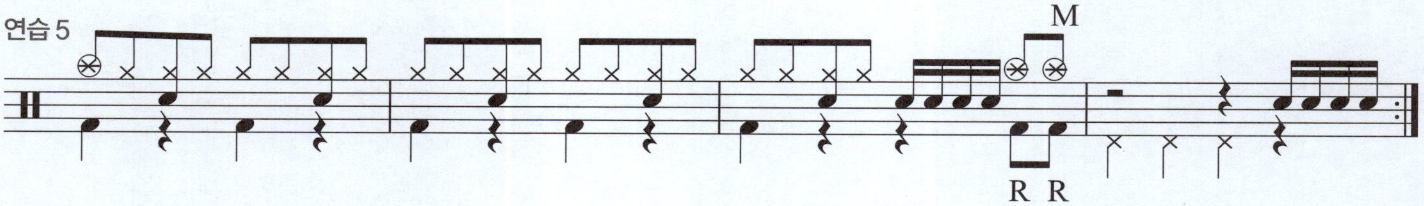

SOLO 8

Lesson 22
SET
림샷

이번에는 록이나 펑키한 음악에 쓰이는 스네어 림샷을 배운다.

- 스틱 중간 부분으로는 스네어 림을, 팁으로는 스네어 중앙을 동시에 친다. 이렇게 치면 '깡' 하는 소리가 동시에 나서 강한 악센트의 스네어 소리를 낼 수 있다.
- 림을 먼저 때린다는 기분으로 치는 것이 소리가 더 잘난다.
- 절대 세게 치면 안되고 원래 스네어 터치에서 손목을 내려서 림에 스틱이 닿는다고 생각하자.

• 아래 리듬의 스네어 부분을 모두 림샷으로 쳐보자.

연습 1

연습 2

연습 3 ○ →

Lesson 23
Fill-In

리듬의 변화

스네어나 탐탐 등을 치는 것만이 필인은 아니다.
리듬의 변화로도 멋진 필인을 만들 수 있다.

연습 1

연습 2

연습 3

• 스네어 부분에는 심벌을 같이 치고, 베이스 부분에 하이햇을 다 빼고 아래와 같이 응용할 수 있다.

연습 1´

연습 2´

연습 3´

응용 패턴

이번에는 탐탐과 심벌로 다양하게 응용해 보자!

연습 1

연습 2

연습 3

연습 4

연습 5

SOLO 9

SOLO 10

Basic Drum II

PART 4

한손 16비트

한손 16비트＋필인

한손 16비트 리듬(쉐이크)

한손 16비트

한손 16비트는 주로 느린 발라드 같은 조용한 곡에 쓰인다.
8비트를 마스터 했다면 아주 쉽게 칠 수 있다.

연습 1

연습 2

연습 3

Pumpkin's *Tip*

16비트는 8비트에서 하이햇만 16분음표로 바뀐 것이다. 발 부분은 똑같다.

Lesson 26

SET

응용 연습

응용 연습

연습 1

연습 2

연습 3

연습 4

연습 5

연습 6

한손 16비트+필인

8비트에서 연습한 방식과 같다. 괄호 안에 필인을 넣어본다.

연습1

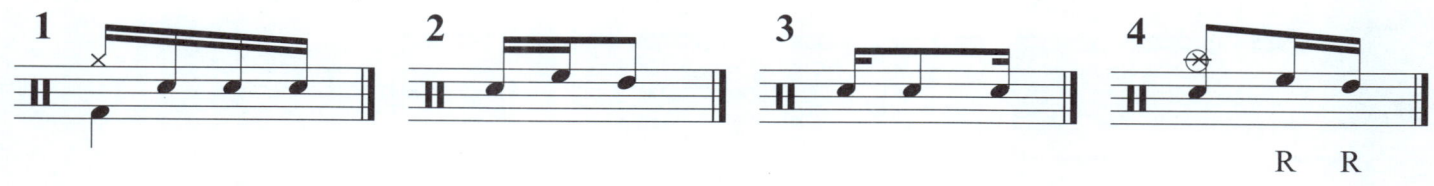

연습2

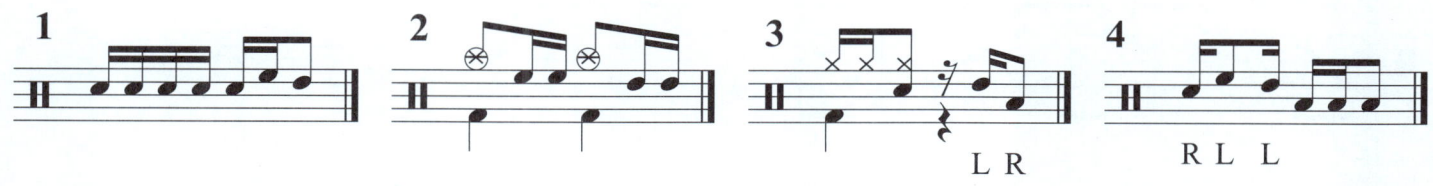

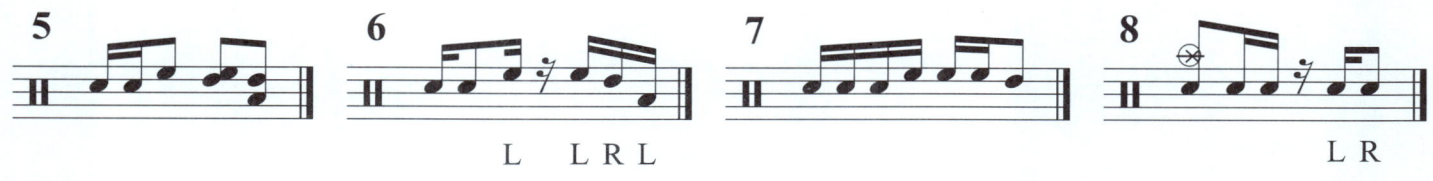

한손 16비트 리듬(쉐이크)

연습 1

연습 2

연습 3

연습 4

응용 리듬

SOLO 11

PART 5

양손 16비트

양손 16비트+필인

양손 16비트 리듬(쉐이크)

양손 16비트

미디엄 템포에서 빠른 템포까지 다양하게 쓰인다. 양손 16비트의 포인트는 하이햇 소리가 일정하게 나야 되는 것이다. 이를 위해서는 안정적인 4연음 연습이 필수다!

• 악보를 외우고 연주할 때는 스네어를 보자. 오른손이 스네어 중간에 칠 수 있도록 잘보고 친다.

Pumpkin's Tip

한손과 양손의 16비트의 악보 차이는 스네어 위에 하이햇이 있는가 없는가를 보면 된다.

응용 연습

연습 1

연습 2

연습 3

연습 4

연습 5

연습 6

응용 연습

연습 1

연습 2

연습 3

연습 4

연습 5

연습 6

Lesson 34
Fill-In
양손 16비트＋필인
역시 같은 방식으로 연습한다.

연습1

1   **2**   **3**   **4**

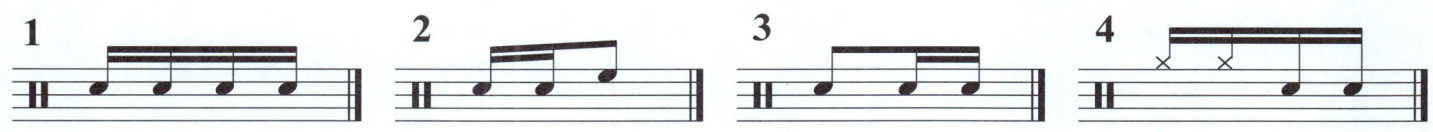

연습2

1   **2**   **3**   **4**

5   **6**   **7**   **8**

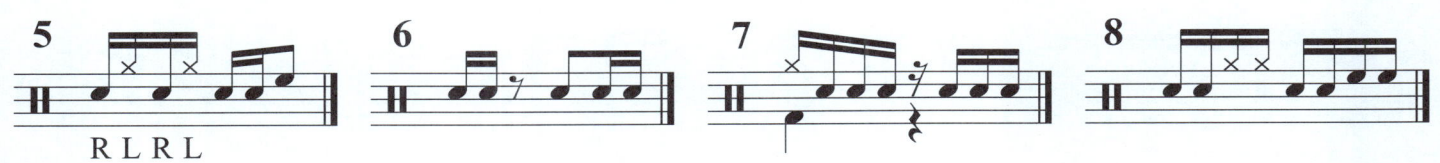

R L R L

SOLO 12

SOLO 13

양손 16비트 리듬(쉐이크)

왼손으로 스네어 치는 부분에 주의해서 연습한다.

연습 1

연습 2

연습 3

연습 4

Pumpkin's *Tip*

왼손이 스네어로 내려 올 때 오른손과 부딪힌다면 아래와 같이 해보자.

● 왼손으로 스네어를 칠 때 오른손을 앞으로 내밀어서 부딪히지 않게 한다.

응용 리듬

연습 1

연습 2

연습 3

연습 4

연습 5

연습 6

SOLO 14

Basic Drum II
PART 6

Lesson 37
SET

하이햇 4비트

하이햇 4비트는 주로 빠른 곡에 쓰이지만 느린곡에서 절도있고 힘있게 쓰이기도 한다.

♩=90,120,160

연습 1

연습 2

연습 3

- 연습1을 제외하고 나머지는 엄밀히 말하면 8비트이다.
- 베이스 드럼이 8분음표 단위로 들어가기 때문이다.
- 그러나 드럼에서는 일반적으로 4비트라고 하면 흔히 하이햇만 보고 그렇게 부른다.

Pumpkin's *Tip*

다음 페이지를 연습하기 전에 아래의 악보를 연습한다.
하이햇 대신 미들 탐을 쳐서 발 베이스가 정확하게 오른손
사이에 들어가는지 확인한다.

하이햇 4비트 역시 8비트에서 하이햇만 변한 것이다.

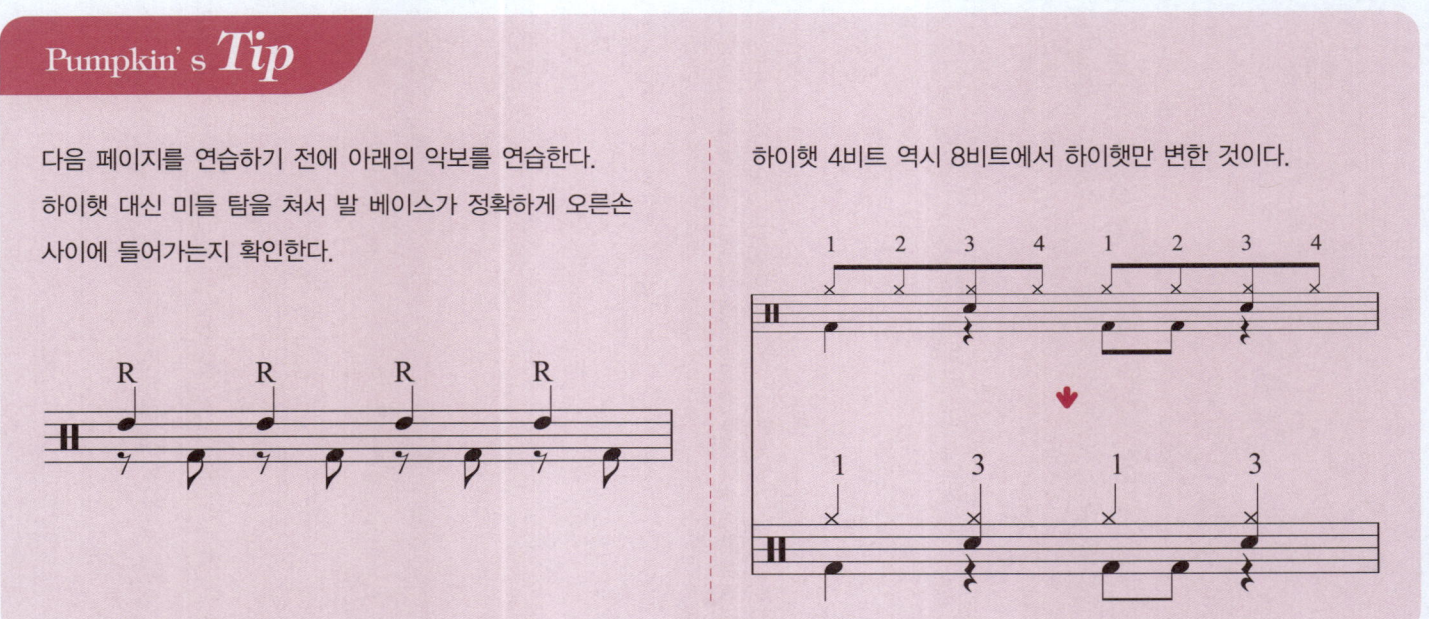

66

응용 연습

연습 1

연습 2

연습 3

연습 4

연습 5

연습 6

응용 연습

연습 1

연습 2

연습 3

연습 4

연습 5

연습 6

응용 연습

두 마디 패턴으로 조합하면 더 멋지고 신나는 리듬이 된다.

하이햇 4비트＋필인

빠른 템포의 4비트일 경우 쉼표가 많은 필인보다는 기본 리듬의 필인이 더 잘 어울린다.

연습 1

연습 2

SOLO 15

SOLO 16

Lesson 42
SET

하이햇 4비트(쉐이크)

8비트의 쉐이크 리듬에서 하이햇만 하나씩 빠진 것이다.

연습 1

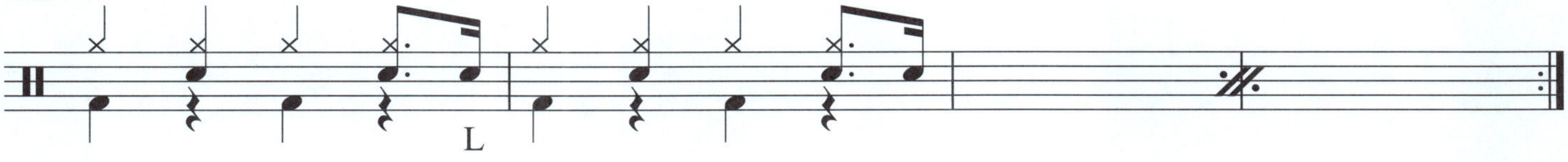

연습 2

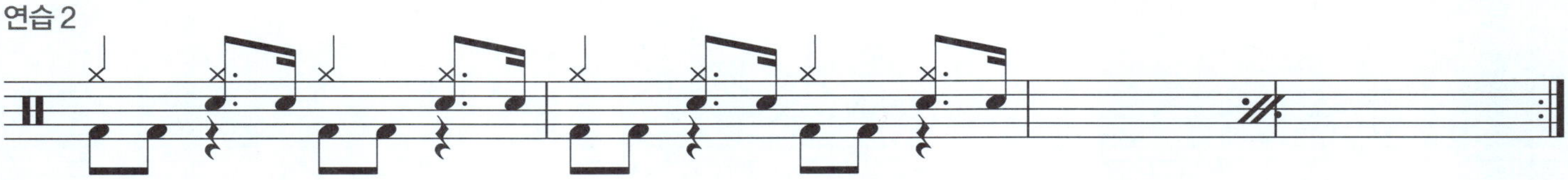

연습 3

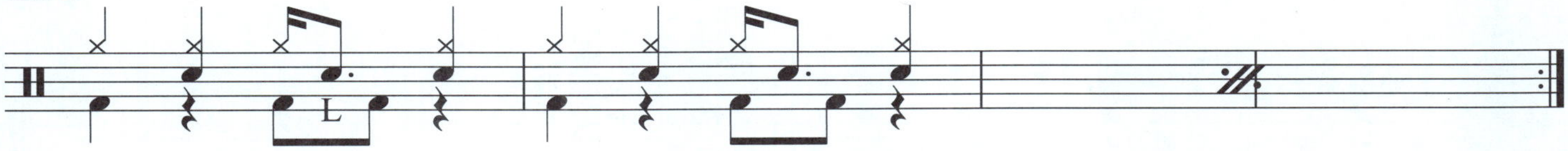

연습 4

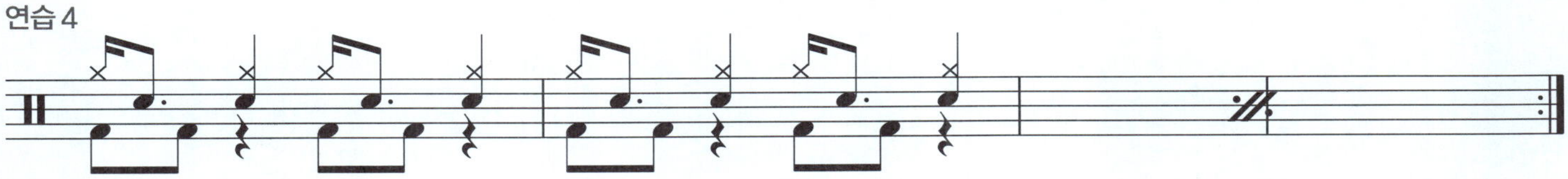

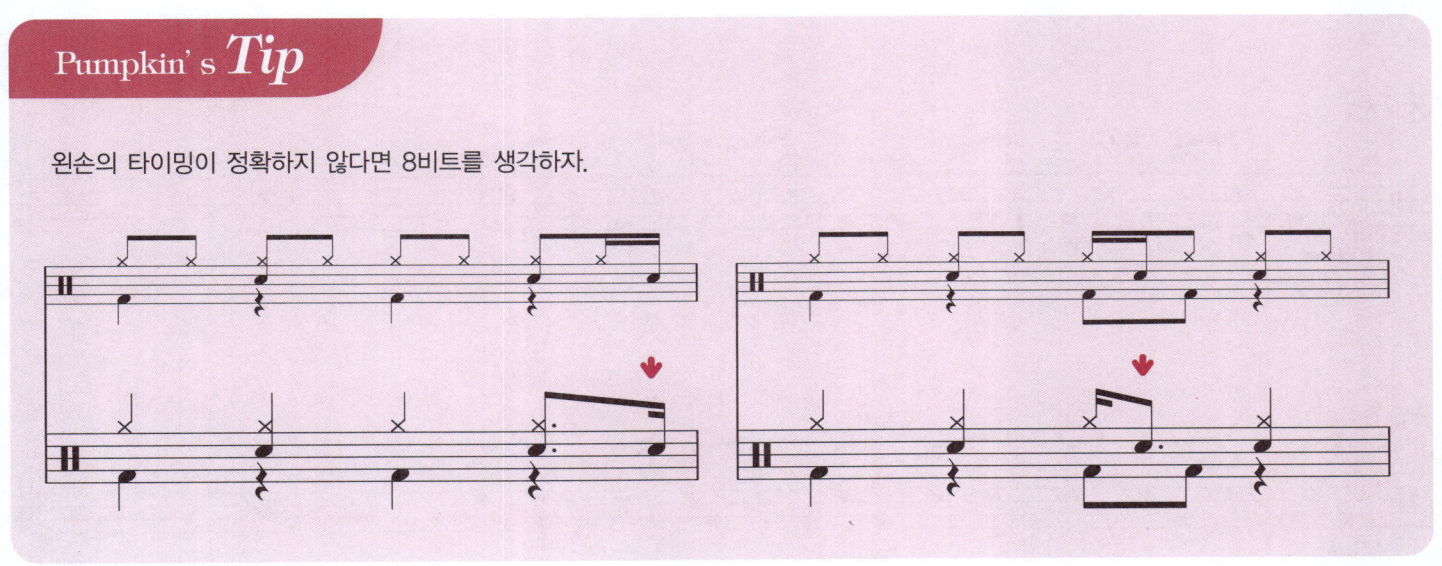

Pumpkin' s *Tip*

왼손의 타이밍이 정확하지 않다면 8비트를 생각하자.

응용 연습

하이햇이 4비트일 경우 아래의 리듬은 강하고 박력있게 연주한다.
오른손 하이햇이 8비트에서와 마찬가지로 일정해야한다.

연습 1

연습 2

연습 3

연습 4

연습 5

연습 6

SOLO 17

Lesson 44

SET

하이햇 엇박 리듬

하이햇을 엇박으로 넣으면 색다른 리듬이 된다.
하이햇 엇박은 일반 8비트 보다 악센트를 줘서 연주하는 것이 좋다.

연습 1

연습 2

연습 3

Pumpkin's *Tip*

라이드 컵(벨) 연주 : 라이드 컵은 볼륨이 크기 때문에 엇박을 더 강조할 수 있다.

- 하이햇 4비트나 8비트에서도 다양하게 쓰인다.
- 스틱 숄더 부분으로 '땡 땡' 소리가 나도록 친다.

라이드컵(Cup, Bell)

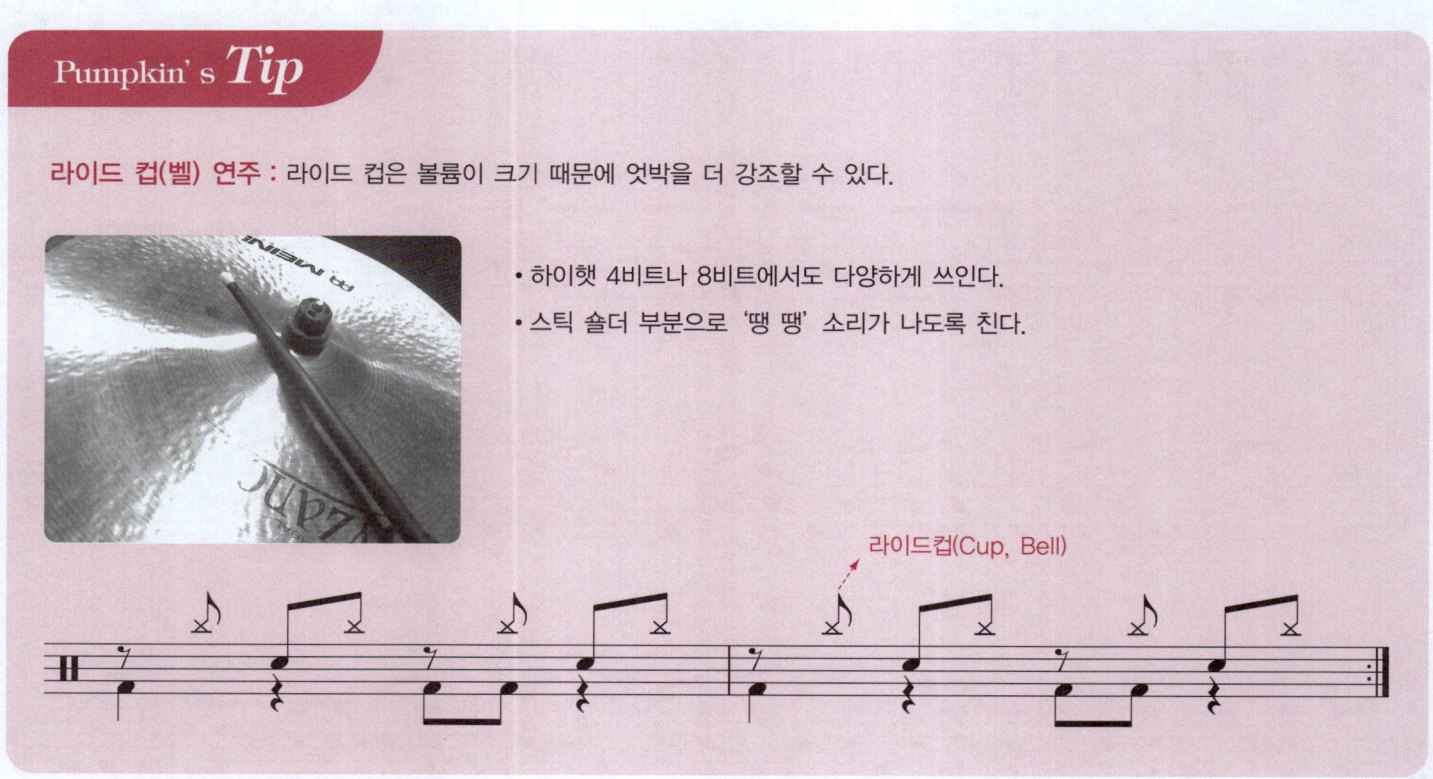

응용 연습

연습 1

연습 2

연습 3

연습 4

연습 5

연습 6

응용 연습

연습 1

연습 2

연습 3

연습 4

연습 5

연습 6

Lesson 47
SET

하이햇 엇박 리듬(쉐이크)

연습 1

연습 2

연습 3

연습 4

Pumpkin's *Tip*

아래와 같이 연습하면서 발과 왼손의 타이밍을 정확하게 한다.

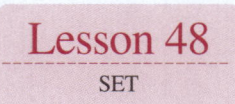

Lesson 48
SET

응용 연습

리듬이 잘 안쳐진다면 하이햇을 8비트로 연습한 후 쳐 본다.

연습 1

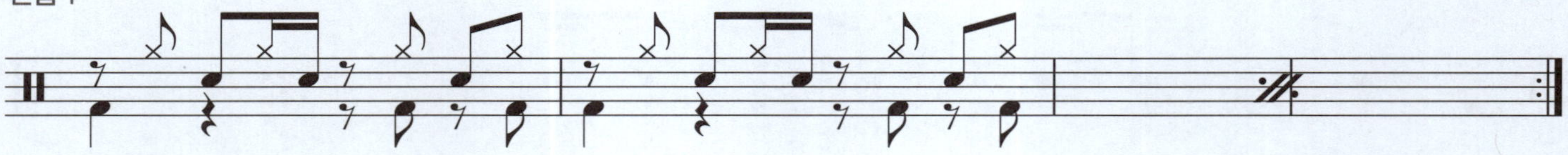

연습 2

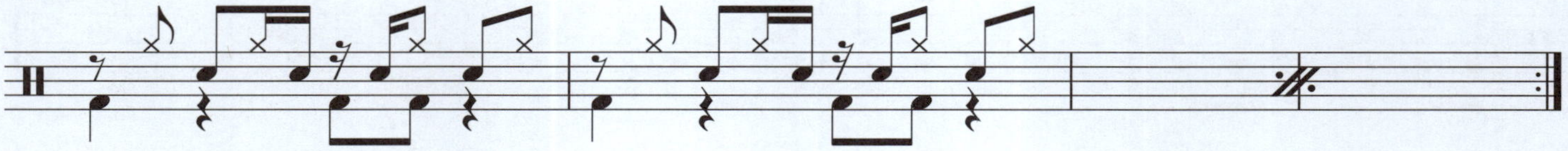

연습 3

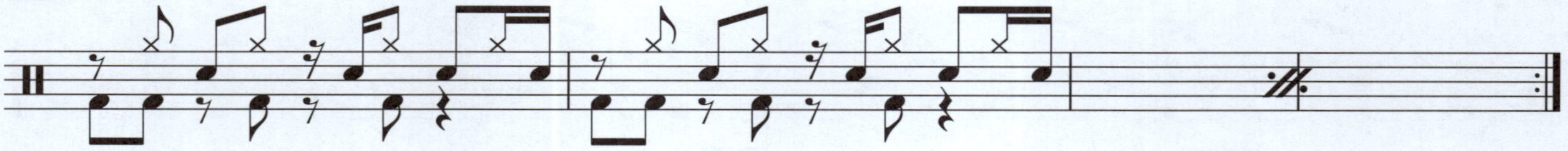

연습 4

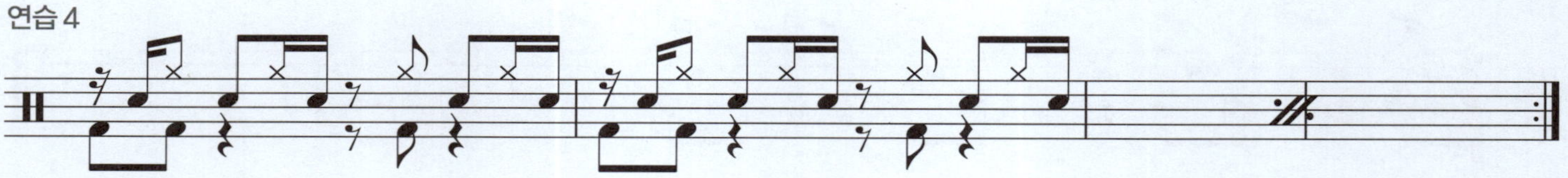

연습 5

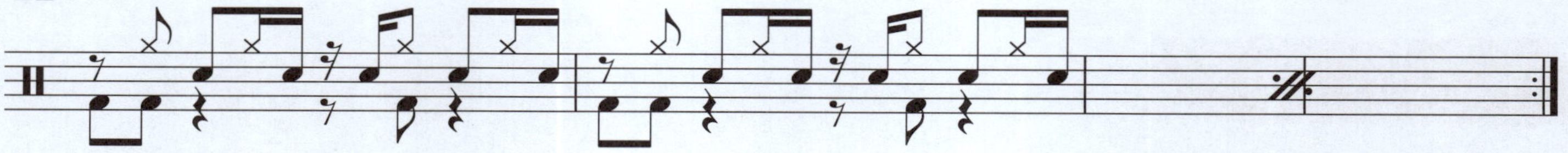

연습 6

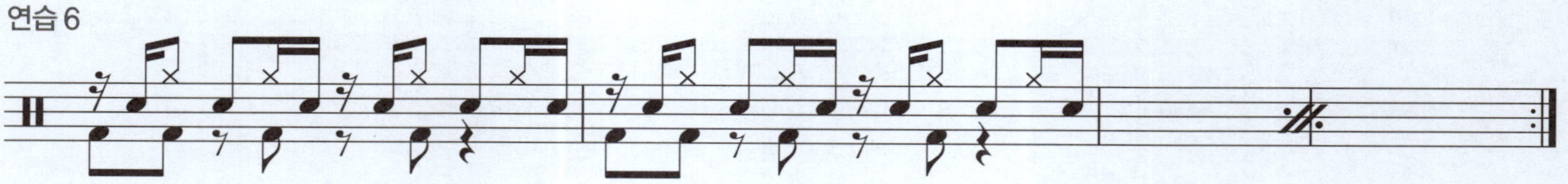

SOLO 18

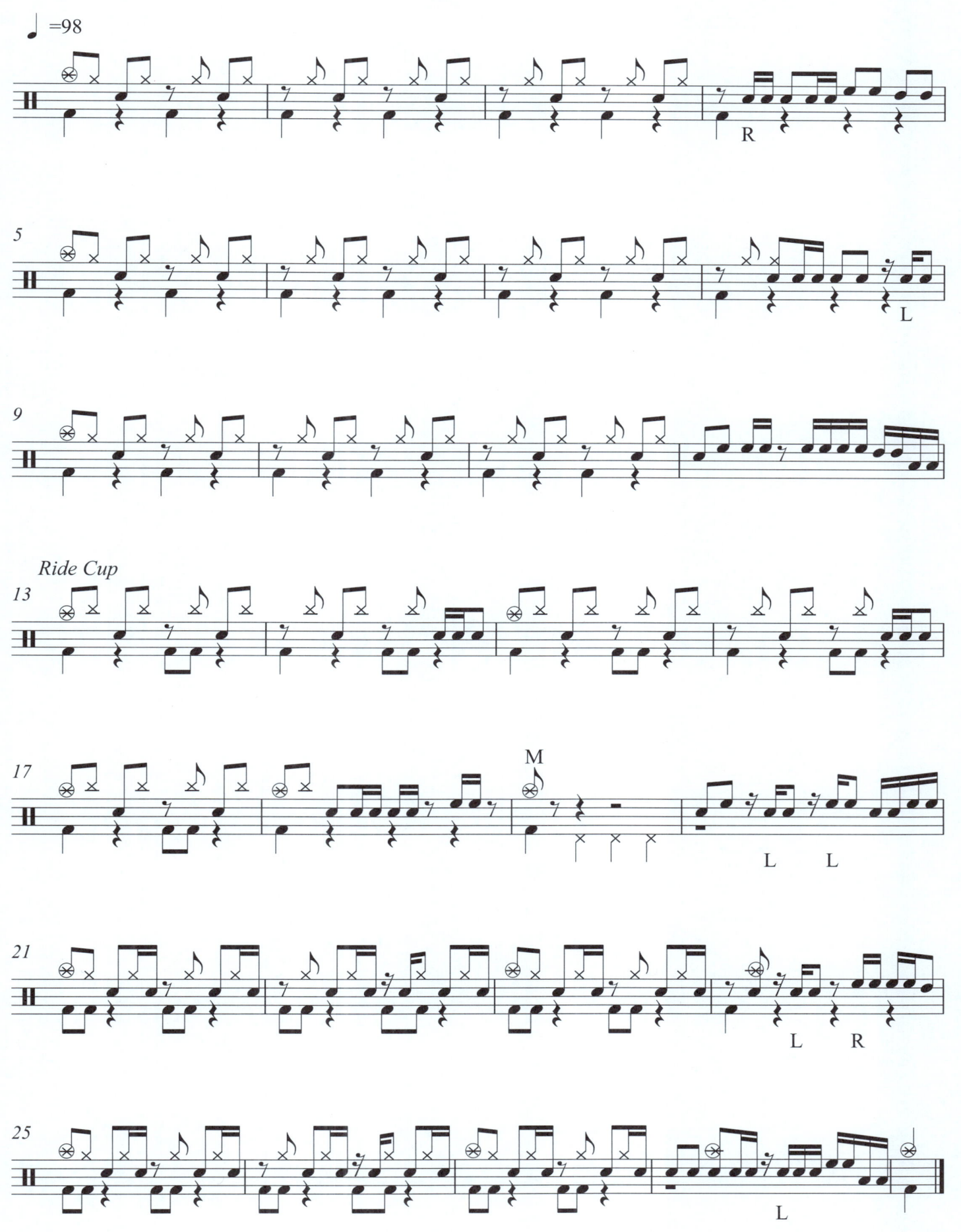

Basic Drum II

PART 7

싱코페이션

싱코페이션(당김음)

당김음이란 첫 박의 악센트가 앞의 박으로 당겨진 것을 말하는데 드럼에서는 첫 박에 심벌을 앞의 박으로 당겨서 친것이라 생각하면 된다.

• **붙임줄 :** 드럼에서는 붙임줄에 걸려 나오는 뒤의 음표는 없다고 생각하고 치지 않는다.

연습 1

R R R R R R R R R R R R R R
R L R L R L R L L R L R L R L

연습 2

연습 3

Pumpkin's *Tip*

싱코페이션은 다음과 같이 이해하면 쉽다. 붙임줄에 걸려 나오는 음표는 쉼표로 생각하면 된다.

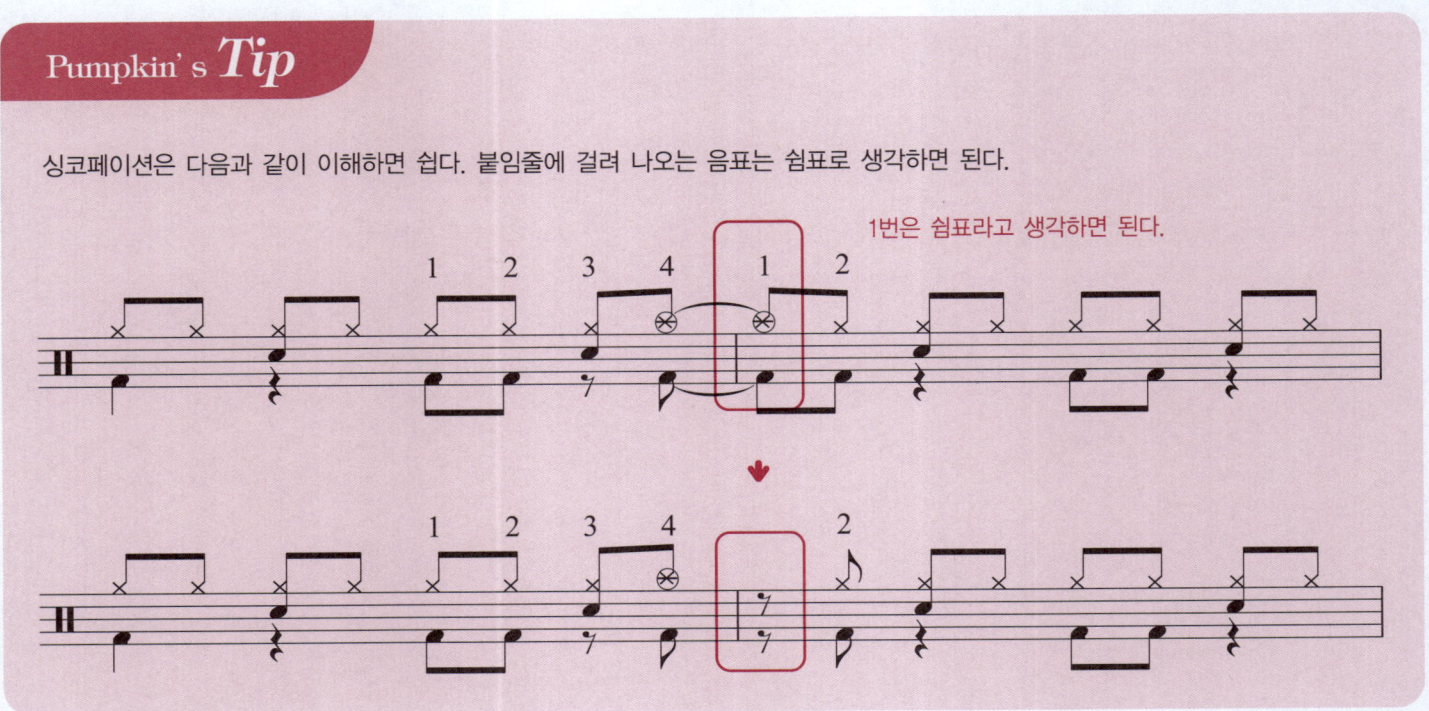

싱코페이션 응용

연습 1

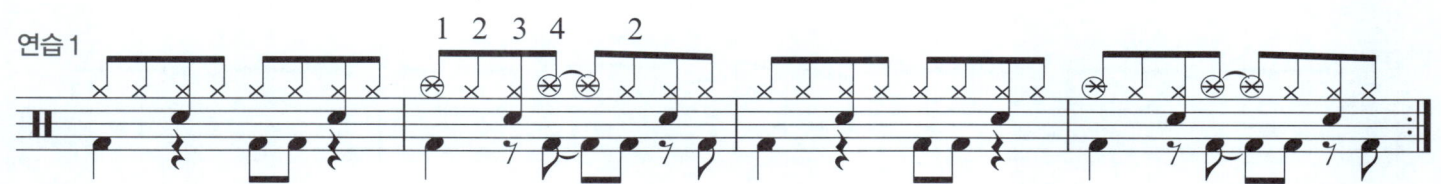

시작할 때는 심벌과 베이스 드럼을 치고
도돌이표로 돌아왔을 때는 치지 않는다.

템포가 빠르거나 당김음이 연속으로 나올 때는
스네어 위에 하이햇은 생략할 수 있다.

연습 2

빠른 4비트에서는 하이햇을 이와 같은 방법으로
자주 연주한다.

♩ =160

연습 3

당김음을 이와 같이 길게 뺄 수도 있다.
싱코페이션 후에 하이햇이 3번에 정확히 나올 수 있도록 하자.

연습 4

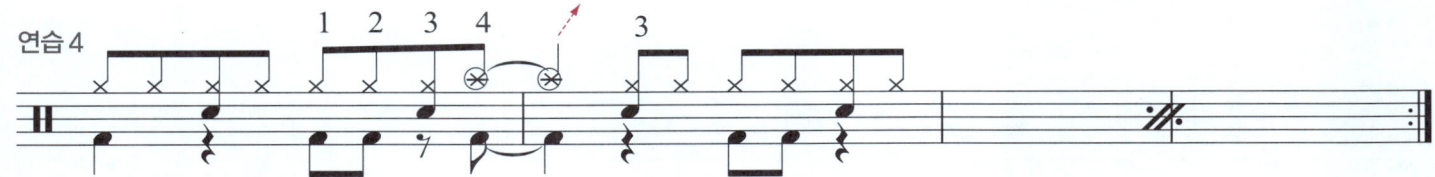

아래와 같은 패턴에서는 베이스 드럼 대신
스네어로 싱코페이션을 할 수도 있다.

연습 5

Lesson 51

Fill-In

싱코페이션 응용

싱코페이션 앞에 필인을 넣어보자.

크래쉬 심벌을 연주할 때 오른손과 왼손을
자유롭게 쓸 수 있도록 하자.

쉼표가 많을 때는 왼발 하이햇으로 박자를 맞추면
좋은데 힘들다면 생략해도 좋다.

Lesson 52
Fill-In

싱코페이션 응용
싱코페이션 후에 나오는 필인을 연습한다.

연습 1

연습 2

연습 3

연습 4

연습 5

연습 6

SOLO 19

SOLO 20

SOLO 21

Basic Drum II

PART 8

$\frac{6}{8}$박자 스트로크

3연음과 6연음 조합을 배운다.

연습 1

R L R L R L

연습 2

R L R L R L R L R L R L

연습 3

R L R L R L R L R L R L R L R L R L
R R R R R R R L R L R L R L R L R L

8분음표에서 16분음표로 바뀔 때 오른손은 바뀌지 않는다.

Pumpkin's *Tip*

3연음에서 6연음으로의 변화 과정

*A*의 R사이에 16분음표 L이 추가되면(화살표) *B*와 같은 형태의 6연음이 되고 편의상 *C*와 같이 표기한다.

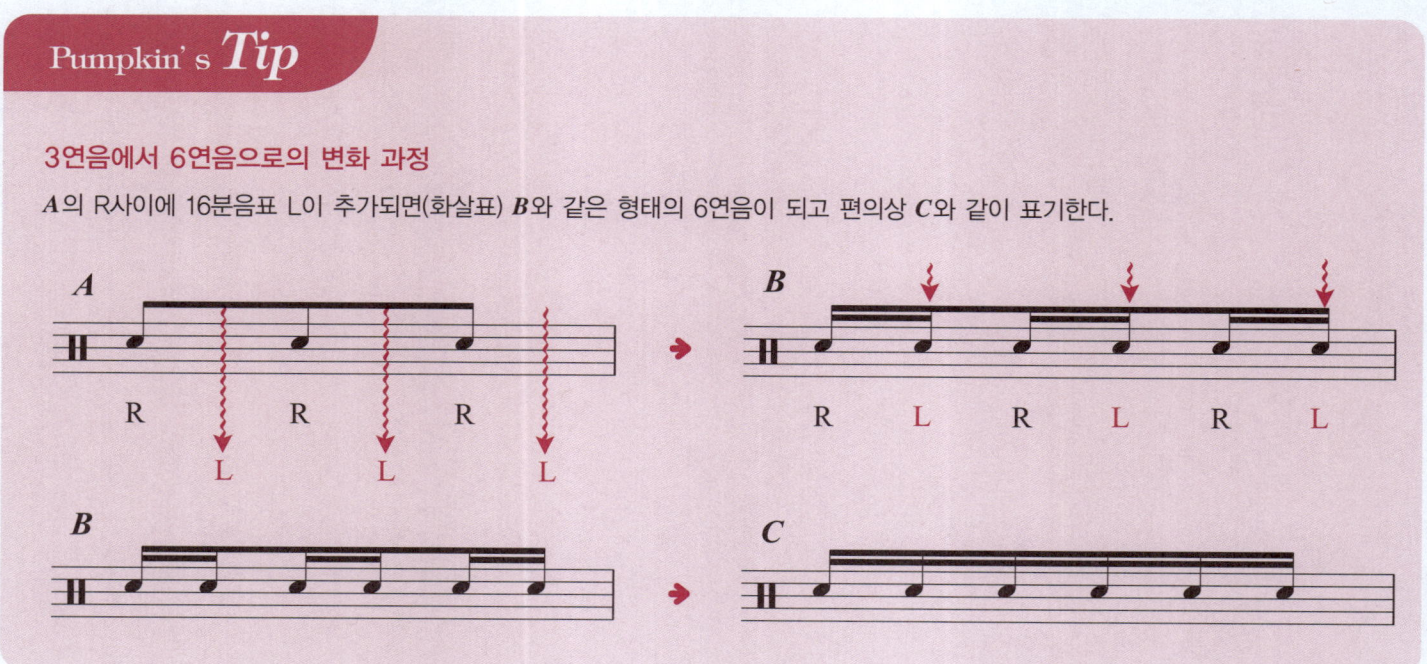

응용 연습

손 넘버 2로 연습할 때는 오른손 터치를 항상 일정하게 한다.

연습 1

1 R L R L R L   R L R L R L R L

2 R R R R R R   R R R L R R R L

연습 2

R L R L R L   R R L R R R L R

R R R R R R   R R L R R R L R

연습 3

R L R L R L   R L R L R L R L

R R R R R R   R L R R R L R R

연습 4

R L R L R L   R R L R L R R L R L

R R R R R R   R R L R L R R L R L

연습 5

R L R L R L   R L R R L R L R R R L

R R R R R R   R L R R L R L R R R L

연습 6

R L R L R L   R L R L R R L R L R

R R R R R R   R L R L R R L R L R

Lesson 55

STROKE

3연음의 손 규칙

- 기본적으로 4연음에서 처럼 없는 것을 빼고 친다.
- 마디 시작도 4연음에서 처럼 항상 R로 시작한다.
- 3연음은 홀수이기 때문에 가끔 예외가 발생한다.

예외는 ◆로 표시

연습2: 왼손 3번만 빠진 것이므로
오른손 터치는 일정하게!

연습6: 3연음의 1번과 2번만 칠 때는
R L로 치는 것이 편하기 때문에 예외 적용

응용 연습

연습 1

| 1 | R | R | L | L | R | R | L | L |
| 2 | R | L | R | L | R | L | R | L |

1의 경우를 우선으로 한다.

연습 2

○ L R L R L   ○ L R L R L

왼손은 변화가 없으므로 일정하게 터치!

연습 3

R L R L   R L R L

연습 4

L R L   L R L

연습 5

R L   R L

연습 6

R L L R L   R L L R L
(L R)   (L R)

2, 3번을 스트로크 하는 리듬이 연속으로
나올 때는 R L로 친다.

응용 연습

연습 1

○ L R L R   L R L R
◆ R L R L   R L R L

편한 손 넘버로 연습한다.

연습 2

R L   R L R L   R L

연습 3

R   R   R L R   R   R L

오른손 일정

연습 4

R   R L R   R   R L R

왼손 일정

연습 5

R L   L   L R L   L   L

연습 6

○ L R L   L   L R L   L

Lesson 58 응용 연습
STROKE

쉼표에 주의하면서 연습한다.

연습 1

연습 2

연습 3

연습 4

연습 5

연습 6

3연음과 리듬 변형 종합

괄호 안에 1~12의 리듬을 넣어서 연습한다.

연습 1

Lesson 60
STROKE

응용 연습

연습 1

응용 연습

연습 1

연습 2

응용 연습

연습 1

연습 2

$\frac{12}{8}$박자 세트 리듬

8비트를 마스터했다면 쉽게 연주할 수 있다. 주로 느린 발라드에 많이 쓰인다.

응용 연습

연습 1

연습 2

연습 3

연습 4

연습 5

연습 6

Lesson 65
Fill-In

$\frac{12}{8}$박자 필인

연습 1

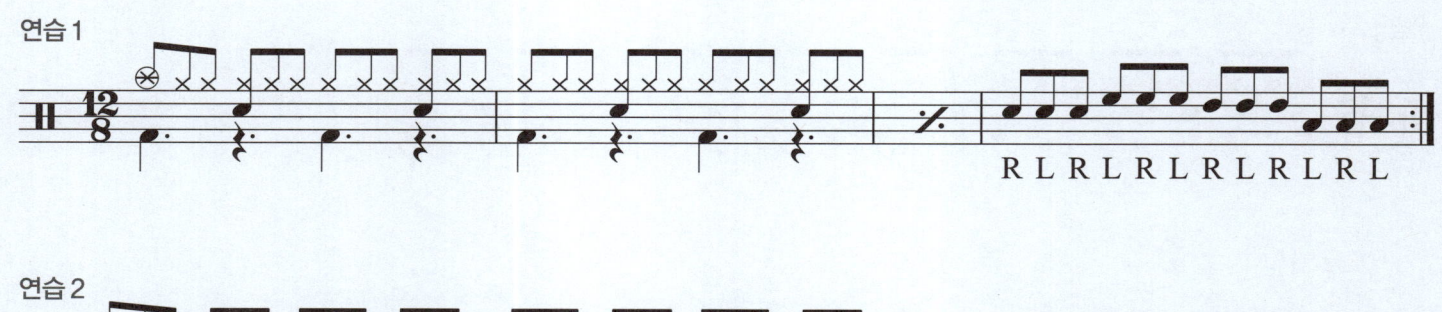

RLRLRLRLRLRL

연습 2

R RLRLRLRLRL

연습 3

RLRL LR RLRL

연습 4

RLR RLR R RR

연습 5

RLRLRL

연습 6

RLRLRLRL

Lesson 66
Fill-In
필인 응용

SOLO 22

SOLO 23

SOLO 24

BASIC DRUM

베이직 드럼

발 행 일	2009년 5월 31일(1판 1쇄)
	2024년 11월 20일(1판 24쇄)

발 행 인   김두영
저   자   전재욱
발 행 처   삼호ETM(http://www.samhomusic.com)
　　　　　우편번호 10881
　　　　　경기도 파주시 문발로 175
　　　　　마케팅기획부 　 전화 1577-3588 　　　 팩스 (031) 955-3599
　　　　　콘텐츠기획개발부 전화 (031) 955-3589 　 팩스 (031) 955-3598
등   록   2009년 2월 12일 제321-2009-00027호

ISBN   978-89-6721-383-1
　　　　978-89-6721-366-4